Richard Branson

Agradecimientos

Agradezco primero y siempre a Dios, señor de todas las posibilidades y El es quién hace todo posible.

A mis padres, que aunque no están conmigo físicamente siempre están en mi mente y en mi corazón.

A mi familia, mi hija Carla Andrea a quien amo con toda mi alma y a mis nietos Nicole y Sebastián mi motor y motivo para seguir adelante y ser feliz con cada abrazo, cada palabra, cada sonrisa, cada mirada.

A la Academia de Coaching y Capacitación Americana ACCA.

Y mi agradecimiento especial a mi mentora Marilyn Fernández por sus conocimientos vertidos y su excelente soporte.

Prólogo

Estimado lector, siento un grato placer al intercambiar con ustedes sobre el libro: Sonríe, estamos trabajando, cuya autora nos brinda enfoques y herramientas de coaching para hacer del trabajo un espacio de satisfacción plena, al ser el lugar donde cada persona permanece durante más de 8 horas diarias y donde no solo se produce y reproduce la vida material sino también la espiritual.

El desempeño laboral deviene un factor sine qua non para lograr un óptimo clima laboral, de ahí que la autora plantee la importancia de tener en cuenta la autoestima, la capacitación, el trabajo en equipo y la satisfacción laboral.

Ser feliz trabajando, es una meta a la que cada individuo debe aspirar y por ende que cada día hay que construirla sin prisa y sin interrupción. La felicidad debe entenderse como un estado de bienestar posible de alcanzar si sabemos quiénes somos, hacia dónde vamos, con quién vamos y con qué recursos contamos para ello.

Aspectos como la organización, el trabajo en equipo, el liderazgo, el desarrollo de competencias y la estimulación, son básicos para caracterizar el tipo de clima laboral en el que estamos envueltos y por consiguiente para proyectar el clima laboral deseado.

Este libro es una guía para que cada uno de ustedes desarrolle una propuesta para ser feliz en su trabajo, bajo la máxima de que la felicidad es el secreto de las organizaciones y empresas exitosas. Si los trabajadores son felices con lo que hacen, lo proyectarán y expandirán a sus familias, colegas, clientes, etc.

Ser feliz en el trabajo significa también tener libertad y tiempo para atender a la familia, para superarnos, para distraernos, para crear e innovar.

Es por ello que la autora los invita desde este mismo momento a que definan que es para ustedes ser felices trabajando y diseñen su propio camino para lograrlo.

Marilyn Fernández

Introducción

Es mi objetivo presentar al coaching como método actual para mejorar el clima laboral en las organizaciones.

Realizadas las investigaciones para ampliar conocimientos sobre esta propuesta como eje/pilar fundamental en el desempeño laboral se vuelve objetivo principal proponer al coaching como herramienta de ayuda y su importancia a nivel individual y grupal así como su relevancia a nivel empresarial para lograr ser felices con lo que hacemos y poder alcanzar el éxito en nuestros trabajos.

Hablar y conocer sobre la felicidad como objetivo de vida y siendo que pasamos muchas horas de la vida en el trabajo es precioso que sea posible ser feliz en el trabajo.

Las empresas tienen planteamientos o lineamientos sobre los cuáles trabajan con sus colaboradores.

Es el caso que si hay miembros en la empresa que no se sienten felices con lo que hacen, sea por metas personales, del equipo, clima laboral, entre otros, es seguro que ante este bajo o nulo nivel de motivación sus resultados no sean óptimos con lo cual, el desempeño general de la empresa tampoco será óptimo.

Toda organización aspira a tener resultados y más aún al crecimiento.

Ser feliz con lo que hacemos, ser feliz en el trabajo y sentirse a gusto es vital para el logro de objetivos y por ende del desarrollo organizacional.

El coaching es una herramienta útil y muy importante para elevar el clima laboral que ayuda a mejorar el desempeño de las personas en su vida personal, laboral, profesional y lograr la satisfacción y los resultados planteados al interior de las empresas.

Objetivos Específicos

1.- Valorar la importancia de ser felices.

2.- Valorar la importancia de estar motivados en el trabajo.

3.- Valorar la importancia del Coaching para lograr los objetivos de ser felices y de trabajar motivados.

Público al que se dirige el libro

Este libro está dirigido a los directivos, gerentes, líderes empresariales y organizacionales, así como a todos los trabajadores y público en general.

Encuesta como método de investigación

Para el desarrollo de este libro elaboramos y aplicamos una encuesta de opinión con el fin de recopilar criterios de personas externas respecto al tema y así incorporar estas perspectivas.

Capítulo 1. Coaching

1.1- Qué cuenta la historia sobre el coaching

Cuenta la historia que hacia el siglo XV y XVI en la ciudad húngara de Kocs ubicada a 70 kilómetros de Budapest y luego de que se convirtió esta zona en parada obligada de los viajeros entre las capitales aledañas, se usaba un carruaje único provisto de un sistema de suspensión especial para estos viajes, destacaba su comodidad frente a los demás carruajes y se le empezó a llamar el Kocsi szekér, es decir, el carruaje de Kocs. Este nombre pasó al alemán como Kutsche, al italiano como Cocchio y al español como Coche y de ahí es que el término Coach (Coche) es de origen Húngaro.

Ahora, su influencia radica en el transporte de personas que es lo que se hace en el Coaching, transportar personas de un estado o realidad a un estado o realidad nueva.

De acuerdo a las referencias de la historia, se considera como el primer coach a Sócrates quien dijo "No existe el enseñar, sólo el aprender" (Sócrates)

El impulsaba en sus discípulos el cuestionarse a sí mismos, para encontrar las respuestas.

La apertura a nuevas ideas, a los cambios es muy importante, considerar que no sabemos nada, que nos falta mucho por aprender o como dijo alguna vez un monje Tibetano, ¿Cómo puedo verter más té a tu taza si se encuentra llena? Hay que vaciarla primero para poder ponerle más.

Platón deja también una influencia relevante para el coaching, con la estructura de sus diálogos y lo importante de preguntar para obtener respuestas.

Aristóteles nos dice que podemos ser lo que queramos y pasar del ser (Donde estoy) al deber ser (Donde quiero llegar). Asimismo, dijo que la búsqueda de la felicidad es uno de los motivadores más importantes para el hombre.

El método más simple para llegar a ser lo que debes ser es la acción (Hábito).

La influencia del existencialismo en el coaching plantea que los seres humanos tenemos la capacidad de darnos cuenta o tomar consciencia de nosotros mismos para re plantearnos nuestro propio proyecto de vida y para ello la Reflexión.

Importante mencionar que influye también en orientarnos al qué y al cómo y no tanto al porque y a las conductas y que hoy es fundamento de la metodología del Coaching.

El construccionismo no enseña a facilitar al cliente la construcción del conocimiento (del mundo interior y exterior) y esto influencia en el pensamiento, el lenguaje y la acción como procesos del coaching y que determinan el ser y hacer.

El entrenamiento deportivo también influencia en el coaching y su referente es el británico Timothy Gallwey, quien desarrolló una metodología de entrenamiento denominada The Inner Game (El juego interior).

"Siempre hay un juego interior en tu mente, no importa qué este sucediendo en el juego exterior" (Timothy Gallwey) manifiesta que "Cuán consciente seas de este juego podrá marcar la diferencia entre el éxito y el fracaso en el juego exterior" "El enemigo, en muchos sentidos, somos nosotros mismos".

Desde los 80's inicia la difusión del Coaching como se conoce hoy en día. Un tiempo valioso en el que se estudia y practica alrededor del mundo.

Las 3 grandes áreas que se trabajan desde esas épocas son:
Life coaching o Coaching personal, Executive Coaching o Coaching ejecutivo y Corporate Coaching o Coaching Organizacional. Leonardo E. Ravier en Arte y Ciencia del Coaching: Su historia, filosofía y esencia.

1.2- Qué es Coaching

"Coaching, es una profesión capaz de ofrecer una conjunción teórico/práctica en pro del desarrollo del ser humano verdaderamente eficaz y sin antecedentes en la historia del hombre. Esto se consigue gracias a que, a lo largo de la historia, el ser humano ha acumulado conocimientos propios de sí mismo, que le permiten, hoy, desarrollar metodología que se conoce como coaching.

Debemos entender al coaching como el producto de una conjunción de conocimientos adquiridos a lo largo de la historia del pensamiento, en relación estrecha con el desarrollo del potencial de los seres humanos" Publicado por Leonardo Ravier en Coaching Magazine N°1 Nov. 2005

En esencia, el Coaching ayuda a eliminar barreras y es importantísima herramienta para actuar adecuadamente, generando valores, hábitos, creencias para obtener cambios y que el coachee actúe y tome decisiones buscando mejorar.

El coaching trabaja con la retroalimentación constante y para lograr objetivos a corto, mediano y largo plazo como persona y como parte de las organizaciones a cualquier nivel jerárquico.

La metodología que utiliza el coach incentiva el re aprender partiendo de la observación, la acción, el logro de resultados y estos últimos van a depender de la calidad de lo observado.

La mayor habilidad, la mayor fortaleza del Coach es el acompañamiento al coachee durante el proceso de cambio en sus hábitos y lograr sus nuevos objetivos en esta nueva oportunidad de mejora.

La acción es el broche de oro para alcanzar las metas.

El coaching es un proceso en donde el Coachee es guiado a obtener lo mejor de sí mismo.

El coach, a diferencia de otros profesionales no le da una solución pero si le enseña a aprender, le ayuda a conseguir su aprendizaje y a arribar a la solución por el mismo.

Los aprendizajes que tenemos por manejar son las emociones, pensamientos y comportamientos limitantes que debemos

modificar y en el caso de las emociones, pensamientos y comportamientos potenciadores los cuales debemos elevar.

Se trabaja partiendo del presente para arribar a un futuro mejor.

1.3- Quién es el Coach

La palabra coach nos presenta a una persona que trabaja en la acción de lograr llevar a las personas de un sitio a otro ayudándolos a alcanzar su potencial, desarrollándolo en su máxima expresión.

El coach es el profesional, el facilitador que ayuda en el cambio que hace falta a las personas para el logro de objetivos.

Es el entrenador, quien debe ir siempre un paso adelante, es un líder y debe estar muy atento sobre la persona o equipo de trabajo que está liderando a nivel personal y profesional.

El coach es una persona que inspira, que tiene visión, con una impecable imagen.

Su comportamiento debe ser ordenado, comprometido, ejemplar, responsable para reflejar en el equipo y conseguir los logros propuestos.

El manejo del equipo debe darse sin privilegios, sin distinciones de tal forma que la relación entre todos ellos sea pareja, equilibrada y se fortalezca para el logro de resultados.

"Un coach es aquel profesional con vocación de servicio que acompaña a las personas a lograr sus objetivos, mediante la generación de espacios de reflexión, confianza y preguntas poderosas. Mediante el proceso de coaching la persona tiene la oportunidad de indagar a fondo una situación, encontrando así respuestas que no eran tan obvias como pensaba". (Gabriela Bejar Esquivel, del Centro de Liderazgo para el Desarrollo de la Universidad Católica de Arequipa, Perú)

1.4- Quién es el Coachee

Es la persona que recibe el Coaching. Es el cliente.

1.5- Qué es el Coaching laboral

El coaching es un aporte valioso para ayudar en la promoción de las habilidades, destrezas y capacidades que permitan altos resultados de los colaboradores en el trabajo a todo nivel, al interior de las empresas.

En el coaching laboral se tienen clientes de negocio y el coaching trabaja uno a uno con su cliente.

Se trabaja con los directivos en un enfoque sobre la persona para que los cambios en el individuo se vean reflejados en los resultados y por ende en las mejoras en el centro laboral así mismo se trabajará sobre el plano profesional.

El desempeño laboral es cómo actúan y se desenvuelven las personas en el día a día, respecto al desarrollo de sus actividades y/o requerimientos que el cargo que están desempeñando exija.

El coaching ayudará en el desempeño laboral de directivos, ejecutivos, trabajadores, equipos, de todos los que integren el proceso de coaching habiendo para ello coaching ejecutivo y coaching de equipos, procesos de coaching con distintas estrategias para lograr los mejores resultados de todos los integrantes de la institución.

El coach es la persona con quien compartir, con quién se hablarà y quien puede ayudar a encontrar soluciones a las presiones, deseo de mejora, superar impases o cualquier reto que este costando y deba enfrentar de esta manera poder realizar un mejor trabajo y tenga un buen desempeño en el puesto y en la empresa en general.

Lo importante de la intervención del coaching en la empresas es la producción de un cambio favorable.

Coaching Laboral

Fomenta el trabajo y logros del equipo

La empresa consigue mejores resultados

Crecen los beneficios y mejora el rendimiento

El equipo se identifica con los objetivos de la empresa

Se promueve el liderazgo con el desarrollo de líderes

1.6- Qué tipos de coaching laboral existen

Hay una amplia variedad de clases de coaching que se pueden utilizar para mejorar todas las áreas funcionales específicas, razón por la cual Juan Pablo Villa y José Angel Caperán (2010), en El manual de Coaching, Como mejorar el rendimiento de las personas presentan las siguientes tipologías:

• Coaching vital

Es un tipo de coaching que marca su enfoque en la potencialización y desarrollo de capacidades que colaboren con la persona a la construcción de una relación sana y con frutos en su entorno, Se trabaja en fortalecer la imagen personal

• Coaching ejecutivo

Se concentra en promover el desarrollo de competencias en los trabajadores o líderes que son clave en la organización. Se estructura una planificación que señale la forma de accionar que permita conciliar las necesidades personales en relación a las

competencias y objetivos organizacionales para que repercuta en la calidad de trabajo.

• Coaching empresarial

El coach de una organización asiste a la gente en su trabajo en relación de aspectos profesionales; muy seguido labora en la ayuda con directores de la empresa y puede practicar el coaching de manera individual y por grupos de trabajadores.

El coaching se enfoca en la personas como individuo, no siendo siempre así en las empresas.

Sin embargo, todo negocio, toda empresa puede y debe mejorar, cambiar en base a la ayuda a sus empleados, colaboradores, a su personal para que se propongan metas altas y poder hacerlas realidad, es decir, que sean realizables.

En las empresas es vital encargarse de las pautas requeridas para lograr las metas:

- Generando opciones.
- Probando alternativas.
- Atreviéndose a lo nuevo.
- Marcando expectativas.
- Resolviendo problemas.
- Tomando decisiones.
- Proponiendo y colaborando con lo que haga falta para que los colaboradores inicien o concluyan planes de carrera.
- Teniendo programas de desarrollo.
- Portando la bandera del liderazgo.
- Buscando y potenciando el rendimiento del equipo.
- Equilibrando la vida privada con la profesional.

Los líderes que reciben coaching deben pautar todo lo que haga falta para ser efectivos, para incrementar sus resultados. Deben pensar en el desarrollo de la empresa y en el talento humano generando confianza, credibilidad, inspirando a su personal y persiguiendo la excelencia.

En el mundo laboral y empresarial hoy x hoy existe una alta competitividad, cambios, apuestas por la eficiencia, efectividad, eficacia, mejora continua todo lo que apunte al ÉXITO.

1.7- Qué es desempeño laboral y cómo optimizarlo

Rosalba Todaro y Lorena Godoy, Chile (2007), proponen que las empresas deberían tomar en cuenta los elementos que tienen directa relación e incidencia en el desempeño laboral como por ejemplo satisfacción laboral, autoestima, trabajo en equipo, y capacitación constante.

• Satisfacción del trabajo

Cuidar los sentimientos con que el colaborador vislumbra su trabajo y que se manifiestan en su trabajo en el día a día. La misma se relaciona directamente con el puesto y los involucrados como: el equipo, supervisores, la estructura organizacional, entre otros.

• Autoestima

Cuando trabajamos, como todo en la vida, todos tenemos necesidades y por ejemplo una muy importante es la necesidad de reconocimiento laboral. Es significativo, determinante y útil para nuestra autoestima y nos ayuda a decidir sobre nuestra continuidad en la empresa. Finalmente, la autoestima influye en la personalidad del trabajador para alcanzar el éxito en la empresa.

- Trabajo en equipo

La calidad del trabajo a realizar por los trabajadores es medible siempre sin embargo los parámetros de medición mejoran si son parte de un equipo. Si se encuentra en la empresa el equipo idóneo para efectuar un tipo de trabajo se aumentara la calidad del servicio. Se adecua una estructura para poder realizar precisamente un trabajo en equipo. Los procesos pasan por tener un solo lenguaje, liderar, interacción, comunicación y todo apuntando al éxito y al espíritu de cuerpo.

- Capacitación

Los colaboradores son el capital humano de toda empresa. La capacitación apunta a brindar un alto nivel de beneficios para el desempeño laboral individual, grupal y finalmente de la empresa.

1.8- Características del Coaching Laboral

Las características esenciales son cinco.

- **Es concreto**

La manera en la que debe comunicarse el coach es directa y motivadora

En el coaching laboral deben siempre estar orientados al buen desempeño laboral, buscando una mejora contínua .

- **Es interactivo**

El coaching maneja conversaciones importantes en el proceso que generan intercambio de información, preguntas y respuestas, intercambio de ideas en donde todas las partes interactúan.

- **Responsabilidad**

Todas las partes son responsables de lo que sé comparte. La comunicación clara y fidedigna es vital para obtener logros y avanzar para conseguir un buen desempeño.

- **Es específico**

La conversación se debe definir en forma clara y de debe dar información suficiente en un primer momento para luego avanzar hacia puntos específicos y lograr alcanzar los objetivos.

- **Respeto**

El coach que es el responsable de aplicar este sistema debe comunicar la importancia del respeto que se debe expresar a la persona que recibe el coaching. Para generar un coaching exitoso se debe procurar la construcción de una visión de liderazgo que inspire al equipo para que ayude al logro de las metas más importantes y que motiven al desarrollo, lo que generará la efectividad del coaching.

El coaching brinda una gran posibilidad de crecimiento para los trabajadores, la oportunidad para ser líderes y esto define las siguientes premisas:

1. Es necesario tener una visión del trabajo en la cual se le considere como algo de importancia y que puede trascender.

2. Para el logro de los objetivos, es indispensable que cada uno de los integrantes del equipo conozca, compartan y entiendan los mismos.

3. El rol de los valores es indispensable puesto que ellos deben ser la base fundamental para la planificación, toma de decisiones y las actualizaciones.

• **Liderar equipos**

El coach externo puede trabajar con las empresas sobre barreras y resistencias frecuentes en los miembros de un equipo y también las deficiencias que el mismo cliente presenta sobre sacar el máximo rendimiento posible de su equipo.

Sin un equipo, no hay un líder.

• **Aprender a escuchar**

Es prioritario para tener información, información correcta además y no llevarnos por percepciones que pueden ser inexactas.

Teniendo la información lo más completa posible se debe contrastar para ser lo más objetivos posibles y finalmente tomar buena decisiones.

• **Buen análisis de las promociones**

Toda promoción debe partir de tener un perfil de competencias y realizar una evaluación exhaustiva de los candidatos. Aunque es la mejor forma de enfocar una promoción junto a una evaluación profunda de los candidatos pueden generarse algunas debilidades al ser parte de la empresa.

Todos tenemos percepciones de los demás pero pueden no ser objetivas. Un coach puede ser la persona idónea para tener un proceso de selección con técnicas que ayuden a tomar mejores decisiones.

El profesional orientará de manera imparcial pues es preciso por su profesionalismo y por no estar ligado ni conocer a los participantes del proceso.

- **Fijar metas**

Fijar objetivos personales y organizacionales es parte de un proceso de coaching que genera uno de los beneficios más importantes para las organizaciones:

1. Contar con colaboradores profesionalmente preparados y con alta calidad de vida.
2. Tener un ambiente sano, siendo un mejor lugar para trabajar, con pautas de liderazgo basados en la confianza y responsabilidad.
3. Equipos de trabajo integrados y coordinados y que estén preparados para interactuar con otros equipos de la empresa.

1.9- Aplicaciones del Coaching laboral

Entre las razones usuales para aplicar coaching en las empresas están:

• El estrés

Las diferentes circunstancias cambiantes que se dan al interior de una empresa generan conflictos de poder, de valores, entre otros. Todo esto estresa a las personas y en ocasiones en demasía.

El coaching es una herramienta realmente eficaz para este tipo de situaciones en donde es necesario hacer higiene mental casi de manera permanente en la vida laboral actual.

• La soledad profesional

La soledad del poder puesto que por su performance no puede estar lejos pero no debe estar cerca.

Por el estatus está por encima de otras cosas y el deber soportar la inseguridad que genera la soledad es difícil. Lo usual es que el gerente está solo. El coaching es también para estas situaciones una metodología muy adecuada.

• Los bloqueos

Para exterminarlos efectuando una investigación exhaustiva, buscando la manera de eliminarlos ya que haciendo un auto diagnóstico es difícil por tanto ampliando la visión será más viable.

- El miedo

Todos tenemos miedo en una u otra medida. Miedo a distintas cosas, en él trabajo sentimos miedo por nuestras capacidades, por nuestras posibles limitaciones, a no ser competentes y en general a muchas situaciones que se puedan presentar, es usual que adicionalmente en algunas compañías tomen actitudes de persecución, sospechando sin razón alguna de uno, varios o todos los colaboradores por una constante desconfianza. Trabajar así enrarece el clima laboral y ello impacta en el desempeño.

Estos miedos terminan haciendo que los gerentes indiquen lo que ellos quieren decir y no escuchan constructivamente aplicando feedback lo cuál haría mejorar las relaciones.

1.10- Cómo implementar el Coaching al interior de las empresas

La implementación eficaz y eficiente del coaching dependerá de cada organización.

Lo importante es un compromiso claro y la comprensión de la filosofía para insertarse en la cultura corporativa.

Resulta indispensable un excelente programa del formación y apoyo a los gerentes que darán el coaching a su personal, de especial manera al iniciar.

Determinando muy bien los objetivos se deberá precisar de qué manera el coaching ayudará a alcanzarlos.

Plantear que espera lograrse y convertirlo en objetivo para medir los avances y en que plazos.

Determinar como la filosofía del coaching será asumida y la respuesta de la empresa sobre las habilidades que el coaching pretende desarrollar, como se deberá adaptar o cambiar la cultura corporativa para asumir compromiso real con el coaching.

Analizar las jerarquías, problemas internos y como resolverlos, riesgos, replantear metas y todo lo que haga falta para obtener resultados.

Poner en práctica de inmediato las acciones sobre las que se debe trabajar conducentes a las siguientes acciones.

Una empresa que decide trabajar con coaching deben estar seguros del por qué y lograr compromiso al 100% para actuar de inmediato y determinar quiénes deben participar en cada fase y de qué manera.

Los primeros a quien hacerles seguimiento desde el nivel directivo es a los gerentes y desde un inicio con compromiso más que solo supervisar el proceso.

Finalmente, el coaching de los gerentes a los demás colaboradores tiene un significativo cambio en la cultura corporativa y luego crecerá en toda la empresa para poder apreciar sus beneficios de manera general o corporativa.

Jane Rodríguez (2008),

Resumiendo respecto del coaching al interior de las empresas, este ayudará a mejorar la relación laboral entre jefes, empleados y entre las diferentes áreas obteniendo un mejor lugar para trabajar.

Los colaboradores se identificarán con los objetivos y metas de la empresa.

Al empoderarlos se fomentará la toma de decisiones y la solución de conflictos incentivando el liderazgo e incrementando la productividad.

Capítulo 2. Clima Laboral

2.1- Qué es el clima laboral

Trabajamos en el diario acontecer en un espacio, en un lugar y pasamos numerosas horas trabajando. Razón por la cual debemos tener un clima laboral adecuado que nos permita sentirnos bien con lo que hacemos.

La importancia del clima laboral impacta en la satisfacción en el trabajo y a su vez en el rendimiento de los colaboradores.

Una apreciación sobre la definición más cercana es que el clima laboral es la percepción de los miembros de una empresa respecto del trabajo y tiene varios elementos que lo conforman como el lugar físico, las relaciones interpersonales, las normas, los proveedores, los clientes. De hecho, las personas que integran la empresa, la estructura, el tamaño de la organización, el estilo directivo, la comunicación, entre otros determinan el clima laboral. (Gan y Berbel 2007)

2.2 Cuán importante es el clima laboral en una empresa

Richard Branson, dueño de Virgin Enterprices ante una pregunta similar dio una respuesta describiendo su modelo de éxito para tener al máximo un clima laboral positivo:

1.- Garantizar un ambiente organizado. Espacios con abundante luz natural y tarea estimulantes alternando los procesos repetitivos. Asignando retos para que los colaboradores sean creativos.

2.- Una recompensa justa, incentivando el esfuerzo y además del salario beneficios no monetarios.

3.- Una política laboral flexible, siempre que se realice el trabajo se puede trabajar cuando quieran y desde donde quieran.

4.- Todos deben conocer y tener claros los propósitos de la empresa y él porque es una compañía diferente. De esta manera todos desearán empujar hacia adelante celebrando los logros de la empresa como propios.

5.- Celebrar los logros en equipo.

El clima laboral es muy importante pues es el alma de una empresa y repercute directamente en el desempeño de los colaboradores.

Brinda estabilidad y seguridad a los componentes de una institución. Un clima positivo genera compromiso, lealtad, identificación y se aprecia si la empresa valora a los colaboradores, todos apuntando hacia un mismo objetivo y los compañeros tienen una buena relación. Al final, todo esto ayuda a crecer como personas y profesionalmente generando disciplina, logros, colaboración. Adicionalmente, es una razón de orgullo trabajar para una corporación exitosa.

Un ambiente agradable ayudará a desarrollar al máximo el potencial de todos sus integrantes.

Por el contrario, directivos arrogantes, falta de reconocimientos e incentivos, falta de equidad entre quienes tienen similar desempeño sea en el suelo o en beneficios genera conflictos que devienen en un mal clima organizacional.

En un ambiente poco grato no hay dinero ni beneficios que impidan que se busquen nuevas oportunidades.

Las políticas deben ser claras y conocidas por todos y su ausencia genera alta rotación, bajos resultados, dificultades en la comunicación y conflictos.

Todos al interior de una empresa deben hacer seguimiento a los procesos y celebrar cada proyecto, cada logro, cada llegar a término con éxito.

2.3- Clima laboral y coaching

Liderar de manera convencional y liderar a través del Coaching tiene beneficios incuestionables de ahí la importancia de conocer sus aplicaciones en las empresas para mejorar el Clima laboral.

Cada vez más se recurre al coaching como una herramienta gerencial para alcanzar el éxito.

Puede trabajarse con profesionales externos o formar gerentes como líderes Coach de tal manera que manejen una gestión con un

buen ambiente laboral, un mejor manejo o disminución de conflictos.

El coach sea externo o interno utiliza una potente herramienta que es la ESCUCHA ACTIVA, sumada a las preguntas y mejor aún a las

PREGUNTAS PODEROSAS arribarán a las mejores opciones, a poder estar conectado con el personal, conocer a fondo todos los procesos de la empresa, evaluar el nivel de las comunicaciones, quienes se perfilan como líderes, quienes son resistentes a los cambios, quienes están abiertos a todas las posibilidades.

Finalmente, el líder empodera al equipo para lograr excelentes resultados y tener un gran equipo.

"Esta herramienta se está utilizando con más fuerza en el ámbito empresarial. Actualmente, muchas empresas tienen la necesidad de contar con profesionales del coaching, quienes generalmente son personas externas. La tarea de un Coach, no es brindar soluciones a los inconvenientes de la organización, sino facilitar al personal el descubrimiento de nuevas soluciones, creadas por ellos mismos, para su trabajo. Esto, en consecuencia, brinda mejores resultados a las empresas". (Gabriela Bejar Esquivel, del Centro de Liderazgo para el Desarrollo de la Universidad Católica de Arequipa, Perú)

Los beneficios que se generan en las empresas que cuentan con servicios de coaching a corto, mediano y largo plazo son innumerables y son para todas las partes que integran el proceso de trabajo.

2.4 Herramientas de coaching de aplicación empresarial

A continuación les propongo un ejercicio para medir y/o diagnosticar el clima laboral en la empresa. La herramienta que proponemos se llama Eneagrama del Clima Laboral.

9 áreas del clima laboral que evaluaremos.

1. Relaciones Interpersonales

2. Cooperación y ayuda mutua

3. Respeto

4. Estimulación

5. Autonomía

6. Control

7. Planificación Conjunta

8. Liderazgo

9. Responsabilidad

Descripción de la Herramienta:

2.4.1 Eneagrama de Clima Laboral

Es una herramienta principal e importante de la disciplina del coaching, creada y es exclusivo de la Academia de Coaching y Capacitación Americana (ACCA). Permite al cliente describir fortalezas y debilidades relacionadas al clima laboral en la empresa en la cual labora permitiendo evaluar la posición presente del coachee.

En el gráfico se muestra un círculo dividido en nueve cuadrantes, que representan los nueve (9) aspectos o áreas a evaluar y que se ve en cada porción. Contiene una serie de subdivisiones que están enumeradas con puntuaciones de cero (0) a diez (10), siendo el cero ubicado en el centro del círculo y el diez en la posición más alejada.

El coachee selecciona una puntuación por cada área y asi indicará su grado de satisfacción con respecto a cada una.

Deberá entonces dibujar un círculo y dividirlo en nueve (9) porciones o partes iguales, dividir cada porción en su centro con una línea discontínua, dándoles puntuación de acuerdo a como siente que en este momento está frente a cada área.

Deberá unir con una línea contínua cada puntuación seleccionada y obtendrá una figura que remarcará y deberá colorear.

A partir de la figura creada, el coachee la deberá observar por un momento e indicará al coach con que objeto o figura la relaciona,

que es lo que ve, a que se parece y todo ello de manera inmediata sin mucho meditar e indicando lo primero que viene a su mente.

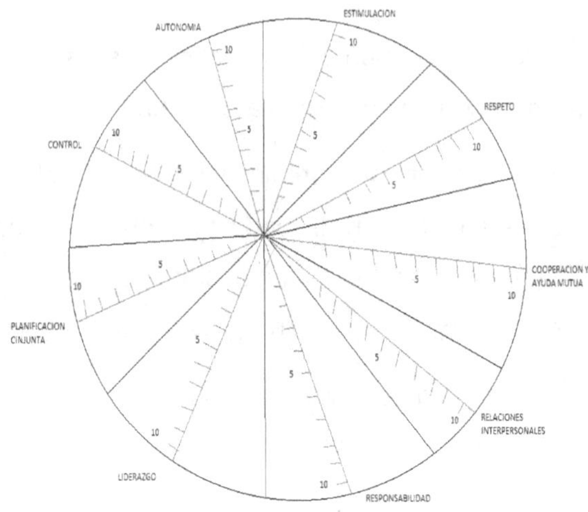

Finalmente, con la ayuda del coach trabajarán de manera conjunta para elaborar la Frase de Empoderamiento.

En la parte de atrás de la hoja donde se realizó el eneagrama y donde quedará registrada la figura creada puesta hacia abajo para que no la pueda ver trabajará la Frase de Empoderamiento y luego la vuelve a utilizar para realizar un análisis FODA.

2.4.2 Frase de Empoderamiento

A partir de la descripción de la figura elaborada el coach le pide que siente cuando ve la imagen que definió, que veía en el Eneagrama y pide que escriba diez (10) características. Luego tendrá que eliminar tres (3) de ellas y se quedará con siete (7) características, luego se deberá quedar con cinco (5) y finalmente con tres (3).

El objetivo ver que tiene mayor importancia. Con esas tres (3) palabras se generará la primera Frase de Empoderamiento.

Ejemplo, digamos que las tres características finales son : valores, comunicativo, confiable… por tanto escribirá su Frase de Empoderamiento iniciando

YO SOY un hombre (una mujer) responsable, confiable y puntual.

El coachee deberá leerla en voz alta y se le preguntará: Es eso lo que eres? De esta forma deberá identificar su Frase de Empoderamiento.

Su frase deberá estar presente en varios lugares, escrita en notas adhesivas, papeles, pizarra de modo que sea visible a diario.

Deberá repetir esa frase para permitir la identificación con su ser. El empoderamiento nos permite ganar control sobre nuestras vidas.

A partir de estos resultados del Eneagrama de Clima Laboral, se trabajará la Matriz FDO (Fortalezas, Debilidades, Oportunidades) para poder elaborar estrategias y acciones para el logro de metas.

2.4.3 Matriz FDO

Se deberá analizar en una matriz FDO la evaluación de las fortalezas (Recursos, capacidades, habilidades, competencias que la organización o personas de la empresas poseen para el logro de metas), debilidades (Los mismos recursos que al no tenerlos tan desarrollados hacen vulnerable a la empresa o a las personas de la empresa) de la situación interna de una organización y la evaluación externa para generar oportunidades.

Análisis interno - Hace falta para este análisis conocer las fuerzas al interior de la empresa y/o de las personas que intervienen para facilitar el logro de objetivos (fortalezas) y las limitaciones que impiden el alcance de las metas de una manera eficiente y efectiva (debilidades).

Análisis externo – Hace falta analizar las condiciones o circunstancias ventajosas del entorno de la organización como de las personas que la pueden beneficiar para ser identificadas como oportunidades. Al ser externos son no controlables pero no son aspectos negativos.

Análisis matriz FDO	Análisis interno	
	Fortalezas	Debilidades
	1 2 3	1 2 3
Oportunidades	Estrategias o acciones para maximizar las fortalezas como oportunidades	Estrategias o acciones para minimizar las debilidades y maximizar las oportunidades
1 2 3		

Con los resultados del Eneagrama el coachee escribirá en una hoja cada una de las áreas con la puntuación seleccionada y escribirá el valor como ser humano que esa área posee para él.

Area	Puntuación	Valor asignado por área
Relaciones Interpersonales	5	Respeto
Cooperación y ayuda mutua	6	Unión
Respeto	6	....
Estimulación	.....	
Autonomía		
Control		
Planificación conjunta		
Liderazgo		
Responsabilidad		

Para cada una de estas áreas se trabajan los elementos del FDO

Lista de Fortalezas	Lista de Debilidades	Lista de Oportunidades
F1	D1	O1
F2	D2	O2
F3	D3	O3
....	....	....

Ejemplo (1)   Con la Fortaleza F1 tengo la Oportunidad O1

La debilidad D1 puedo transformarla en la Oportunidad O2

Ejemplo (2)

Area : Cooperación y ayuda mutua

Puntuación : 6

Valor : Unión

Lista de Fortalezas	Lista de Debilidades	Lista de Oportunidades
1 Soy una persona colaboradora	1 Me gusta llamar la atención de los demás	1 Ser una persona humilde, sencilla
2	2	2
3	3	3

Estas nuevas oportunidades podrán incorporarse a la vida laboral para mejorar de acuerdo a cada área.

Al final se tendrán 27 oportunidades de mejora dado que son tres (3) por cada área y son nueve (9) áreas.

El clima laboral deberá mejorar a partir del cambio de comportamiento por cada coachee integrante del proceso.

Capítulo 3. Ser felices, la felicidad en el trabajo

"Con frecuencia, algunos buscan la felicidad como se buscan los lentes cuando los tienen sobre la nariz". (G. Dorz de Fischman y Matos, 2014)

3.1-Qué es la felicidad

La felicidad es…

Un sentimiento,

Satisfacción,

Alegría,

Bienestar.

La cara feliz, es un símbolo muy conocido de la felicidad.

"Encontrarás en la vida claves prácticas y efectivas para mejorar tu vida, para VIVIR en mayúsculas y divertirte en el proceso" (Ana Belén Mena)

El miedo es una emoción que nos roba felicidad…pensar positivamente nos ayuda a ser felices y ser felices no hace pensar en positivo.

> Adelante y se valiente. Atrévete a ser feliz.
>
> Y mejor aún... se feliz trabajando.

"La felicidad es altamente rentable, es un beneficio para el ser humano, pero sentirla en el día a día requiere de un cambio de hábitos de vida y esfuerzo. Vale la pena emprender el cambio"

"Ser feliz es como tener el viento a tu favor cuando corres la carrera de la vida. No te garantiza el éxito, pero te ayuda"

(Fischman y Matos, 2017)

Escriba 10 principales valores. Elíjalos de la lista o agregue uno diferente que es importante para usted.

1 Alegría.

2 Amistad.

3 Amor.

4 Autenticidad.

5 Bondad.

6 Compasión.

7 Comprensión.

8 Empatía.

9 Esfuerzo.

10 Generosidad.

11 Gratitud.

12 Honestidad.

13 Honradez.

14 Justicia.

15 Lealtad.

16 Optimismo.

17 Paciencia.

18 Perdón.

19 Perseverancia.

20 Prudencia.

21 Puntualidad.

22 Respeto.

23 Responsabilidad.

24 Sacrificio.

25 Sencillez.

26 Servicio.

27 Sinceridad.

28 Solidaridad.

29 Tolerancia.

30 Voluntad.

Al costado de cada valor coloque un número del 1 al 10 donde 1 significa que usted no practica ese valor y 10 significa que vive plenamente ese valor.Este análisis ayuda a reflexionar cómo se siente cuando no cumple con su escala de valores y su conciencia impacta en su felicidad.

(David Fishman, 2017)

3.2 Otros conceptos sobre la felicidad

"Todos estamos de acuerdo en queremos ser felices".

"Felicidad, es ser humano, en el más pleno sentido de la palabra" (Aristóteles)

"El horizonte de la felicidad, se abre a la vida después de la muerte. (Platón)

"La felicidad es una actitud mental que el hombre puede asumir conscientemente, es decir, es una decisión". (Algunos autores del New Thought)

"Felicidad es una cualidad, producto de un estado de armonía interna manifestado como un sentimiento de bienestar que perdura en el tiempo y es más que un estado de ánimo pasajero como es definido en occidente" (De la filosofía oriental)

"Un idea errada de la felicidad es pensar que consiste en estar alegre, de buen humor y contento todo el tiempo, siempre con una sonrisa en la cara. No es así, ser feliz y llevar una vida plena consiste en asumir lo bueno y lo malo, y en aprender a reformular lo malo". (Vanessa Buote Investigadora en Psicologia social)

Cuentan que cuándo le preguntan a John Lennon en la escuela que quería ser cuando fuera grande el escribió "feliz". Le dijeron que no entendía la pregunta, les contestó que no entendían la vida.

Puntos para aprender y recordar...

> "Las personas más felices son más longevas,
>
> Las personas felices son más sanas,
>
> Las personas felices tienen mejores relaciones matrimoniales,
>
> Las personas más felices tienen más tolerancia al dolor,
>
> Las personas más felices logran mejores ingresos,
>
> Las personas felices logran empresas rentables y accionistas felices.

(Fishman y Matos, 2017)

¿Qué es ser feliz?

Es subjetivo y es una apreciación muy personal pero puede encuadrarse en auto realizarse, en alcanzar metas, ser autosuficiente sin depender de nada, ni nadie. Finalmente, es una sensación de plenitud que nos hace sonreír y estar alegres.

"La meta es el camino" (Santiago Álvarez) Y dice también "La felicidad no es una meta sino la forma en que "viajamos" por esta vida". "La persona más feliz es la que sabe sacar mejor provecho de lo que le pasa en su camino".

La sociedad espera que seas feliz. El primer paso para mejorar alguna actividad es medir cómo estamos. Si requerimos cambiar el clima laboral de la empresa, debe medirse para trazarse objetivos de mejora. De igual manera, si se desea mejorar el nivel de felicidad, debe medir primero en qué nivel se encuentra.

"Cuentan que un rey tenía un paje que estaba siempre feliz.

Al rey le daba rabia verlo sonreír siendo tan pobre y no entendía.

Entonces le preguntó:

Cómo eres tan feliz? Dame tu secreto.

Y el paje respondió:

No hay secreto especial. Tengo una familia que quiero, me siento agradecido del trabajo que tengo, me encanta lo que hago.

No conforme con la respuesta, mandó a llamar al sabio del reino y le preguntó por el secreto del paje:

Su majestad, respondió el sabio. Lo que ocurre es que está fuera del círculo.

Cómo? Qué círculo dijo el rey. El círculo 99. Si quiere que su paje sea infeliz hay que meterlo en el círculo 99.

Lo único sí es que la entrada al círculo es voluntaria, nadie te puede obligar.

El rey respondió que sí que quería verlo infeliz.

En la noche el rey y el sabio fueron a la casa del paje y dejaron a la puerta un saco con 99 monedas de oro. Cuando el paje encontró el saco no podía creer que era millonario.

Contó las monedas y al ver que eran 99 y no hallar la que faltaba decidió que debería ahorrar todo hasta obtener la moneda que faltaba.

Ahorrando y viviendo humildemente calculó que podía obtener esa moneda de oro y completar su fortuna.

El paje empezó a preocuparse por el dinero, andaba molesto todo el día, no se compraba nada, no comía para ahorrar, él y su familia no tenían ropa ni zapatos. Tomaba trabajos adicionales que le impedían ver a su familia, sólo trabajaba y lo hacía de mal humor.

El rey se cansó de su mala vibra y lo despidió.

El paje había entrado voluntariamente al círculo 99 y no podía salir de él y perdió su mayor tesoro, la felicidad"

(Fishman y Matos, 2017)

3.3- Ser feliz en el trabajo, sí importa

Por supuesto y es relevante para todos.

"La felicidad es el ingrediente secreto de los negocios con éxito. Si tienes una compañía feliz, será invencible" (Virgin Enterprices)

Los mejores resultados en las empresas corresponden a empleados felices.

El dinero que obtenemos por el trabajo que realizamos es indispensable para cubrir nuestras necesidades básicas y en tanto mejore nos brindará posibilidad de estudios, inversión, viajes, adquirir aquello que deseamos, entre otras cosas. Siendo importante no es el todo que define nuestra permanencia en una empresa. Cuánto más percibimos, el dinero deja de ser una herramienta motivadora y se valora el poder tener tiempo para uno y su familia para no afectarlos.

Resulta de interés sentir que la vida no depende del empleo, sino de tener libertades y tiempo para el disfrute sin afectar el desempeño laboral.

"Empleados más felices significa clientes más felices" (VIrgin Enterprices)

"Las personas más felices son mejores trabajadores. Quiénes están comprometidos con sus empleos y sus compañeros trabajan más y de manera más inteligente" (Richard Davidson, V.S Ramachandran, Shawn Achor)

La felicidad puede hacer que estés más sano, seas más amable, más productivo e incluso obtener más posibilidades de ser promocionado.

Las empresas invierten en coaching para la felicidad, ejercicios y juegos para fomentar el espíritu de grupo (Team building) en juegos, con consultores (consultores contratados para llevar la felicidad a la empresa) y en directores de la felicidad (En Google se les puede encontrar).

Todo esto parece sencillo pero se toma muy en serio.

Es posible ser feliz en el trabajo y eso dependerá del mismo trabajador. Si así lo quiere, si cree en ello y si no actúa para los demás se podrá tener genuina felicidad trabajando. Obviamente

también dependerá de la empresa, y el clima laboral sin embargo, independientemente del tipo de jefe, el espacio reducido en donde laboramos, los compañeros complicados o lo aburrido que tenemos que hacer uno puede ser feliz si hay decisión de que así sea.

Importante y a tener en cuenta los valores corporativos para que no sean esos mismos los que generen baja frecuencia vía odio, envidia que impulsan a la manipulación y a la traición.

Es importante evitar la contaminación emocional con el fin de procurar no intoxicarse en el trabajo. De la intoxicación se genera la depresión y de ahí las enfermedades resfriados, bronquitis, diabetes y hasta el cáncer. Si se trabaja en un lugar así es mejor buscar otro empleo lo más pronto posible.

En cambio, si los colaboradores están contentos, trabajan felices, los clientes estarán satisfechos y los colaboradores difícilmente estarán buscando otra empresa a donde trabajar. Por tanto, ser feliz en el trabajo, sí importa y muchísimo.

'No hay mejor cosa que disfrutar del trabajo. Además, se genera un círculo virtuoso: nos involucramos más porque nos apasionamos y al involucrarnos más, lo hacemos mejor. Así, el círculo virtuoso genera los resultados del caso." (Inés Temple, Usted S.A.)

3.4-La motivación y el alto rendimiento sostenible

'La motivación nos impulsa a comenzar y el hábito nos permite continuar" (Jim Ryun)

'Moveré" es una expresión del latín de donde se deriva la palabra Motivación.

Qué es la motivación nos preguntamos y su significado nos enriquecerá para poder tener nuestra propia y clara idea respecto de la motivación.

(1) "Deseo que tiene una persona de satisfacer ciertas necesidades" (Dessler)

(2) "Forma en que la conducta se inicia, se energiza, se sostiene, se dirige y se detiene" (Jones)

(3)"Es la voluntad de llevar a cabo grandes esfuerzos para alcanzar metas   organizacionales, condicionada por la capacidad del esfuerzo para satisfacer alguna necesidad individual" (Robbins)

Si los directivos, ejecutivos de una empresa y sus colaboradores se enfocan motivados en los objetivos que comparten manteniendo un clima laboral favorable contarán con obtener resultados de alto rendimiento sostenibles en el tiempo.

"La gente se pregunta: ¿Cómo motivo a mis colaboradores? Pero se equivocan, la pregunta que deberían hacerse es: ¿Cómo genero un ambiente para que mis colaboradores se motiven a sí mismos?" (Edward Deci)

Según estudios realizados en 147 países en Latinoamérica:

13% Trabaja activamente motivado

63% Trabaja desmotivado

24% Trabaja activamente desmotivado*

*Las personas activamente desmotivas además esparcen esta negatividad impidiendo la motivación de los demás.

(Encuestadora Gallup – Motivación 360 - David Fishman y Lenia Matos)

Existen dos tipos de motivación: Intrínseca y extrínseca.

La motivación intrínseca es la que genera el ser humano por sí mismo y la que brinda constante fortaleza para salir adelante y continuar de una manera positiva.

Se plantean seis motivadores intrínsecos en el trabajo:

- Autonomía

  La más importante. En donde quieres trabajar y cómo quieres hacerlo siempre que se cumpla con los resultados.

- Competencia

  Todos tenemos dones y trabajar con ellos y cumplir retos emite un alto nivel de satisfacción

- Relación

  Cuán importante puede ser tener logros si no tenemos con quien compartirlos?

- Novedad

  Rompiendo la rutina en el fondo y en la forma

- Aprendizaje

  Capacitación constante

- Trascendencia

  El significado de lo que hacemos es primordial. Como hacemos la diferencia en nuestra vida y en la vida de los demás con lo que hacemos. Dejar una huella.

"No es lo mismo diferenciarte por lo que haces que hacer la diferencia" (David Fishman)

La motivación extrínseca es necesaria pues complementa nuestra fortaleza interior pero es importante que no sean la única razón.

Tenemos los siguientes motivadores extrínsecos en el trabajo:

- Reconocimiento

  El premio a los resultados es motivante en sí mismo. Es la consecuencia de un trabajo bien hecho y razón para continuar haciéndolo bien o mejor y de manera positiva.

- Las metas

  Es uno de los motivadores más usados en las empresas sin embargo una pausa para definir que es relevante tener :

  1.- Credibilidad – La persona que pone las metas debe ser confiable.

  2.-Retroalimentación - Importa saber y conocer respecto de los avances y así saber a dónde se apunta.

  3.- Nivel de dificultad - Metas específicas y con un nivel de dificultad mejoran el rendimiento. Pueden ser 50% a 70% alcanzables siendo que la idea es energizar a todos en el camino.

  4.- Autonomía - Si las personas que deben cumplir las metas participan en el establecimiento de las mismas lo comprometen en el trabajo para llegar a lograrlo. Imponer metas hace que los colaboradores se sientan presionados y controlados.

* Bonos e incentivos

"Llamenlos como quieran, los incentivos hacen trabajar más a la gente" (Nikita Khrushchev)

En definitiva, ayudan a definir las metas de la empresa y califican como motivadores reales, tangibles para el trabajador.

3.5- Por qué es importante la motivación en las empresas

Hay muchas formas de motivar al interior de un trabajo, algunas con bajo o cero costo y otras implican una inversión. Ambas ayudarán que los colaboradores quieran conservar su trabajo y trabajen al máximo de su rendimiento con el fin de desarrollarse sin tener que buscar mejores alternativas

La imagen de la empresa será altísima y sus integrantes altamente calificados y motivados elevando su rendimiento.

Las empresas anticuadas consideran que una persona debe hacer que todo funcione, hoy en día y con el personal idóneo y motivado la empresa funciona sola y todos se sientes orgullosos de sus resultados y de su elección laboral acertada que los hace entrar en un círculo virtuoso de trabajo, motivación, satisfacción, resultados constantes.

Importante saber que el dinero no lo es todo….

No sólo se trata de salario, beneficios sociales, el reconocimiento es una recompensa emocional, salario emocional por el trabajo bien hecho.

El factor humano y la consideración brindan respeto mutuo y muy buenos logros.

"Mi éxito es mi felicidad. Ser en lugar de tener".

"El éxito es un término que también ha tenido un cambio importante en el nuevo modelo laboral. Solíamos asociarlo al mundo material, a tener esto o aquello. Debemos, sin embargo, cambiar esa perspectiva. El éxito, en el nuevo paradigma, es considerado por lo que somos, por nuestro nivel de satisfacción personal con lo que hacemos, no por lo que tenemos" ´

"Buscar el éxito a nivel laboral significa, cómo lograr una carrera que nos dé satisfacción profesional y personal, que promueva nuestro desarrollo, que nos haga felices en el día a día" (Inés Temple, usted S.A.)

Un ejemplo visible es lo que sucede en Google, una de las mejores empresas para trabajar, porque sus beneficios son únicos: Oportunidades de crecimiento, aprendizaje, viajes, ambientes adecuados de trabajo y diversión durante la jornada laboral. Instalaciones agradables, pizarras por todas las oficinas para cuando surjan grandes ideas, comida gratis, salas de masajes, gimnasio, lugares de descanso, juegos electrónicos, salas de euniones temáticas, patines para recorrer las instalaciones. Las mascotas son parte de la familia Google, nadie está obligado al uso de una ropa específica y hasta se puede ir a trabajar en pijama. No hay horas de trabajo pudiendo asistir al momento que les parezca apropiado, lo que es improrrogable son los plazos de entrega y desarrollo de los trabajos. Es una empresa flexible y generosa lo que hace exitosa y la número uno para trabajar.

3.6-Satisfacción Laboral

La satisfacción en el trabajo según Rosalba Todaro y Lorena Godoy, Chile (2007), se relaciona con la cultura y clima organizacionales. Estos tienen factores que hay en el ambiente de trabajo y por medio de los cuales la persona concibe de forma clara y concisa la verdadera situación organizacional en la que se desempeña. Para optimizar el clima laboral que deviene en la satisfacción en el trabajo será importante:

- Sentir libertad en el desempeño del trabajo.
- Tener programas de capacitación y desarrollo.
- Manejo adecuado de la resolución de conflictos.
- Feedback sobre el rendimientro laboral.
- Medir como los compañeros puedan afectar o incidir en el desempeño laboral
- Una adecuada retribución monetaria.
- Beneficios y pagos extraordinarios.

- Ser justos y equitativos.
- Evitar comparaciones entre uno y otro colaborador

La satisfacción dependerá de que el trabajador vea que las políticas se llevan a cabo con claridad y equidad dentro de un ambiente favorable.

3.7-El coaching y la motivación

La motivación es fundamental para los seres humanos y en el coaching es un elemento decisivo para tomar acciones y lograr los objetivos.

Según la teoría de Maslow, la motivación se relaciona directamente con las necesidades humanas:

- Ante una necesidad, las personas sienten la motivación de satisfacerla
- Sin necesidad, no hay motivación.
- La motivación es impulso para conseguir los sueños, las metas.

En el coaching, la fuerza de la motivación provoca la acción y será más fácil actuar en virtud de esa fortaleza.

La motivación viene de diversas razones siendo que puede venir de adentro, de uno mismo.

La motivación que depende de razones externas o de otras personas tendrá premios o castigos para cumplir los objetivos para impulsarse a actuar.

La automotivación es la más poderosa para obtener los logros propuestos. (Coach Juan Manuel Castillo, COANCO, 2014)

De la motivación nacen los sueños, la capacidad de idear, de visualizar de proyectar.

Importante es elaborar un Mapa de Sueños vinculado a como les gustaría que fuera el Clima Laboral, es una etapa esencial para la posterior elaboración de los objetivos.

3.8- Descripción de la herramienta del Mapa de Sueños en el Clima Laboral.

Primero: Listar todos los sueños vinculados a clima laboral

Segundo: Colocarlos en una Cartulina y visualizarlo con imágenes

Tercero: Seleccionar los 3 sueños prioritarios.

Cuarto: A esos sueños responder las siguientes preguntas:

Cómo, cuándo, dónde, con quién y cuánto.

En la definición de objetivos empresariales, es vital analizar 3 componentes: (creencias limitantes, valores y motivación). Veamos a continuación dos ejemplos para entender cómo funcionan los dos tipos de motivación a través de un ejemplo.

Motivación intrínseca.

Objetivo Empresarial	Creencias Limitantes	Valores para lograr el objetivo	Motivaciones para alcanzar el objetivo
Establecer buenas relaciones laborales con los trabajadores de los diferentes departamentos	Lo importante en el trabajo es cumplir y no tener buenas relaciones. La gente no le gusta que la ayuden.	Paciencia Colaboración Respeto Confianza	Trabajar con tranquilidad Sentirme bien en el trabajo Saber que otros pueden colaborar conmigo y viceversa.

Motivación extrínseca.

Objetivo Empresarial	Creencias Limitantes	Valores para lograr el objetivo	Motivaciones para alcanzar el objetivo
Lograr sinergia entre los diferentes departamentos	A los trabajadores solo le importan sus intereses Los departamentos solo están interesados en sus propios resultados.	Comunicación Solidaridad Honestidad Constancia	Crecer como equipo de trabajo. Contribuir a que la empresa logre resultados positivos Alcanzar un mejor clima labora Obtener mejores beneficios laborales

Capítulo 4. Resultados de la Encuesta

Pregunta 1. Soy Hombre/ Mujer

Respondidas: 49
Omitidas: 1

OPCIONES DE RESPUESTA	RESPUESTAS
Hombre	18,37%
	9
Mujer	81,63%
	40
TOTAL	49

Pregunta 2. Tengo edad entre

Respondidas: 48
Omitidas: 2

OPCIONES DE RESPUESTA	RESPUESTAS
25 y 35	6,25%
	3
35 y 45	10,42%
	5

OPCIONES DE RESPUESTA	RESPUESTAS
45 y 55	31,25%
	15
55 y 65	52,08%
	25
TOTAL	48

Pregunta 3. Tengo trabajo actualmente

Respondidas: 50
Omitidas: 0

OPCIONES DE RESPUESTA	RESPUESTAS
Si y soy dependiente	38,00%
	19
No	28,00%
	14
Otro (especifique)	34,00%
	17
TOTAL	50

Pregunta 4. He escuchado hablar del Coaching?

OPCIONES DE RESPUESTA

Respondidas: 50

Omitidas: 0

OPCIONES DE RESPUESTA	RESPUESTAS
Si	86,00%
	43
No	14,00%
	7
TOTAL	50

Pregunta 5. Cuál es su concepto sobre Coaching

Respondidas: 49

Omitidas: 1

OPCIONES DE RESPUESTA	RESPUESTAS
Es una forma de entrenar	10,20%
	5
Conjunto de herramientas para ayudar a otras personas en un camino de autoconocimiento	89,80%
	44

RESPUESTAS

OPCIONES DE RESPUESTA

TOTAL   49

Pregunta 6. En el trabajo tenemos diferencias con nuestros jefes, compañeros, clientes. El coaching puede ayudar a mejorar el clima laboral ?

Respondidas: 50

Omitidas: 0

OPCIONES DE RESPUESTA	RESPUESTAS
Si	100,00%
	50
No	0,00%
	0
Otro (especifique)	0,00%
	0
TOTAL	50

Pregunta 7: El clima laboral es importante para usted ?

Respondidas: 49

Omitidas: 1

OPCIONES DE RESPUESTA	RESPUESTAS
OPCIONES DE RESPUESTA	RESPUESTAS
0%	0,00%
	0
20 a 30%	0,00%
	0
40 a 50%	2,04%
	1
60 a 70%	6,12%
	3
80 a 90%	20,41%
	10
100%	71,43%
	35
TOTAL	49

Pregunta 8. Para qué cree usted que es importante el Coaching laboral

Respondidas: 50

Omitidas: 0

	RESPUESTAS
OPCIONES DE RESPUESTA	
Encontrar trabajo	2,00% 1
Mejorar la relación con los compañeros, jefes, clientes	30,00% 15
Obtener un incremento salarial	0,00% 0
Lograr una promoción personal	0,00% 0
Cambiar de puesto de trabajo	2,00% 1
Potenciar la organización	42,00% 21
Conseguir ser feliz trabajando	24,00% 12
TOTAL	50

Pregunta 9. Le gustaría saber más sobre Coaching y sus aplicaciones para lograr ser feliz   trabajando ?

Respondidas: 50

Omitidas: 0

OPCIONES DE RESPUESTA	RESPUESTAS
Si	82,00%
	41
No	16,00%
	8
Otro (especifique)	2,00%
	1
TOTAL	50

Capitulo 5. Análisis de resultados de la Encuesta

interesante gama de respuestas encontradas en la encuesta realizada sobre coaching laboral. El universo estudiado fue de 50 encuestados, de los cuáles el 81.63% son mujeres y el 18.37% hombres en edades de entre 25 y 65 años, el mayor grupo de entre 55 y 65 años al 52.08%.

De este grupo con trabajo actualmente un 38%, con negocio un 34% y sin trabajo un 28%.

El conocimiento sobre el coaching va en crecimiento con los años. Del grupo de encuestados un 86% escuchó hablar del coaching y tienen claro el concepto, siendo un 89.60% que definen que el coaching es un conjunto de herramientas para el autoconocimiento.

A la pregunta de si creen que el coaching es una herramienta de ayuda para el buen clima laboral respondieron si el 100%, lo que es una buena evidencia de que las personas están interesadas en mejorar el clima laboral y que están deseosas de encontrar opciones para tal fin.

El 71.43% del grupo piensa que el clima laboral es importante. También argumentaron la importancia del coaching laboral, identificando lo siguiente:

- Para potenciar la organización   42%
- Mejorar la relación con los compañeros, jefes, clientes   30%
- Ser feliz trabajando   24%

Finalmente, el 82% contestó que desea saber más sobre coaching, lo que evidencia de que el coaching es una disciplina en expansión y que puede ser una buena oportunidad para introducirlo en el ámbito laboral.

Conclusiones

Se puede y se debe ser feliz en el trabajo, subir los niveles de felicidad será posible si entendemos cómo funciona. Hay que ponerse en acción y ejecutar lo que haga falta para procurar el cambio en al camino a la felicidad y siendo que pasamos muchas horas laborando es vital que seamos felices en el día a día, en el trabajo, en la vida ciertamente.

Ser conscientes del Aquí y ahora pues el ayer es pasado y usualmente genera tristeza y el mañana es futuro y usualmente genera stress. Sin embargo, vivir el hoy nos ocupa plenamente generando cosas buenas, sumando, actuando positivamente justamente para obtener un buen presente que impactará generando un buen futuro.

Y si bien nuestra felicidad en cierta medida dependerá de la calidad de la empresa en donde laboramos, si la empresa invierte en procesos de coaching, en tener un coach para los directivos, coaching de equipos junto a los colaboradores que abran su mente al cambio para transformar su realidad actual con rumbo a una mejor realidad es entonces que todos estamos desando el mismo bienestar por lo que siempre se indicará que mucho dependerá de todos, pero principalmente de uno mismo.

Por ello Sonríe … que estamos trabajando.

Es importante que las distintas instituciones, organizaciones, empresas, entidades prioricen el tener un buen clima laboral para mantener la armonía al interior de la empresa, la misma que se reflejará hacia el exterior y de esta manera procurar tener empleados contentos y elevando los resultados y la productividad de sus negocios.

Es vital que las empresas concienticen la necesidad de hacer un curso del Coaching para tener una herramienta de apoyo en el manejo de las relaciones, analizar los resultados que se obtienen y con base a todo, tomar decisiones en beneficio de la empresa y la promoción de un buen clima laboral y un óptimo desempeño.

Las empresas deben priorizar el monitoreo sistemático para medir hacia a dónde vá, a todos los niveles, individual y por áreas ò departamentos para alcanzar las metas de la organización y pautar estrategias en base a las necesidades, desarrollo, manejo y mejora de procesos.

Establecer el Coaching como estrategia principal promoviendo la excelencia en el desempeño laboral de los colaboradores, dado que cuenta con elementos que facilitan y que los capacita, en pro de la eficiencia, eficacia y productividad de su trabajo.

La empresa requiere orientar su trabajo a generar compromiso con todas las personas que conforman la organización para tener y mantener una excelente actitud ante los cambios, ante cualquier nueva técnica y herramientas que se tengan que aplicar, entendiendo claramente que serán personas más productivas y en definitiva obtendrán muchos beneficios con ello.

La vida en valores y principios tiene significado, de otro modo es una vida en apariencia feliz pero en el fondo insignificante.

Aprendí en mis recientes estudios de coaching la importancia de primero Ser, para luego Hacer y finalmente Tener y en este punto siempre en armonía con el universo, con Dios y ajustado a la elevación de nuestro ser.

"La felicidad no tiene dueño, no se puede vestir o consumir. La felicidad es la experiencia espiritual de vivir cada minuto con amor, alegría y gratitud". Dens Watley

Por último, establecer el Coaching como base fundamental y como estrategia principal para el desarrollo sostenido y tener resultados positivos para todos y para la empresa para poder sentirnos felices trabajando y por ende, viviendo.

Las buenas prácticas han sido, son y serán siempre vitales para el buen manejo empresarial, corporativo sean pequeñas, medianas o grandes empresas.

Los tiempos actuales nos enfrentan a sustanciales modificaciones entre las cuáles tenemos el trabajo desde casa para lo cuál en definitiva no estábamos preparados y desde ahora quizás sea una práctica usual.

Para ello es importante confiar en el desempeño de los colaboradores y definitivamente siempre existe el medir los resultados.

Ser laboralmente humanos y considerados brindando las herramientas que hagan falta para un buen desempeño desde sus hogares y sin aumentar los horarios y los días laborables. El tiempo necesario para los buenos resultados es el mismo la diferencia radica en el lugar del desempeño.

Bibliografía

Coaching con PNL, Joseph O´Connor y Andrea Lages, Urano, 2005.

Como cambiar creencias con la PNL, Robert Dilts, Sirio, 2015.

Mejora tu vida en CINCO pasos, Ana Belén Mena, Mestas Ediciones, 2015.

Lidera y diviértete, Richard Branson, Nóstica Editorial, 2018.

Felicidad, Harvard Business Review, Editorial Reverté, 2018.

Usted S.A., Inés Temple, Planeta, 2012.

Como motivar a tus empleados, Nóstica Editorial, 2016.

Motivacion 360°, David Fischman y Lennia Matos, Gestión 2000, 2014.

Felicidad a prueba de oficinas, Sylvia Ramírez, Paidós Empresa, 2017.

La alta rentabilidad de la felicidad, David Fischman, Planeta, 2017.

5 preguntas que pueden transformar tu vida, Rafael Zavala, Planeta, 2018.

Inteligencia espiritual en la práctica, David Fischman, Planeta, 2017.

Anexos

Encuesta

1 Soy Hombre ( ) Mujer ( )

2.- Tengo entre

Opciones 25 y 65 años - Rangos para marcar

3.- Tengo trabajo actualmente

Si ( ) No ( )

4.- He escuchado hablar del coaching

Si ( ) No ( )

5.- Cuál es su concepto sobre Coaching

Es una forma de entrenar ( )

Conjunto de herramientas para ayudar a otras personas en un camino de autoconocimiento ( )

6.-En el trabajo tenemos diferencias con nuestros jefes, compañeros, clientes. El coaching puede ayudar a mejorar el clima laboral

Si ( )

No ( )

Otro ( ) Especifique____

7.- El clima laboral es importante para usted?

0% ( )

20 a 30% ( )

40 a 50% ( )

60 a 70% ( )

80 a 90% ( )

100%

8.- Para que cree usted que es importante el Coaching laboral)

Encontrar trabajo ( )

Mejorar la relación con los compañeros, jefes, clientes ( )

Obtener un incremento salarial ( )

Lograr una promoción personal ( )

Cambiar de puesto de trabajo ( )

Potenciar la organización ( )

Conseguir ser feliz trabajando ( )

9.- Le gustaría saber más sobre Coaching y sus aplicaciones para lograr ser feliz trabajando?

Si ( )

No ( )

Otro ( ) Especifique ________________________________